[illegible]

[illegible]

[illegible]

[illegible]

[illegible]

[illegible]

[illegible]

Notes

[illegible]

[illegible]

[illegible]

[illegible]

[illegible]

[illegible]

[illegible]

[illegible]

[illegible]

[illegible]

[illegible]

[illegible]

[illegible]

[illegible]

[illegible]

[illegible]

[illegible]

[illegible]

[illegible]

Notes

Notes

Notes

[illegible]

[illegible]

Notes

[illegible]

[illegible]

[illegible]

[illegible]

[illegible]

Notes

Notes

Notes

[illegible]

[illegible]

[illegible]

Notes

[illegible]

[illegible]

[illegible]

[illegible]

[illegible]

[illegible]

[illegible]

[illegible]

[illegible]

[illegible]

otes

[illegible]

[illegible]

[illegible]

[illegible]

[illegible]

notes

[illegible]

[illegible]

[illegible]

[illegible]

Notes

[illegible]

[illegible]

[illegible]

[illegible]

[illegible]

[illegible]

[illegible]

[illegible]

[illegible]

[illegible]

[illegible]

Notes

[illegible]

[illegible]

Notes

[illegible]

[illegible]

[illegible]

otes

[illegible]

[illegible]

Notes

[illegible]

Notes

[illegible]

Notes

[illegible]

[illegible]

[illegible]

[illegible]

[illegible]

[illegible]

[illegible]

[illegible]

[illegible]

[illegible]

[illegible]

[illegible]

[illegible]

notes

[illegible]

notes

[illegible]

[illegible]

[illegible]

[illegible]

[illegible]

[illegible]

www.ingramcontent.com/pod-product-compliance
Lightning Source LLC
LaVergne TN
LVHW012116070526
838202LV00056B/5747
* 9 7 8 3 7 4 9 7 4 8 1 6 7 *